RUDOLF STEINER

GEISTESWISSENSCHAFT UND SOZIALE FRAGE

RUDOLF STEINER

Geisteswissenschaft und soziale Frage

Die wahren Gesetze des menschlichen Zusammenarbeitens

EIN AUFSATZ 1905/06

1989

RUDOLF STEINER VERLAG
DORNACH/SCHWEIZ

Herausgegeben von der Rudolf Steiner-Nachlaßverwaltung
Dornach / Schweiz
Die Herausgabe besorgte Walter Kugler

Zuerst erschienen in der Zeitschrift «Lucifer-Gnosis», Nr. 29, 30, 32
Berlin 1905 / 06, unter dem Titel
«Theosophie und soziale Frage»

EINZELAUSGABE

1. Buchausgabe Dornach 1941
2. Auflage Dornach 1957
3. Auflage Dornach 1968
4. Auflage Dornach 1977
5. Auflage Dornach 1982
6. Auflage Dornach 1989

Sonderdruck aus Bibliographie-Nr. 34:
Lucifer-Gnosis. Grundlegende Aufsätze zur Anthroposophie
und Berichte aus den Zeitschriften «Luzifer» und
«Lucifer-Gnosis» 1903–1908
Rudolf Steiner Gesamtausgabe Dornach 1987

Gesamtherstellung Clausen & Bosse, Leck
Printed in Germany

ISBN 3-7274-5072-X

INHALT

GEISTESWISSENSCHAFT UND SOZIALE FRAGE

Wer gegenwärtig mit offenen Augen die Welt um sich herum betrachtet, der sieht überall das sich mächtig erheben, was man die «soziale Frage» nennt. Diejenigen, welche es mit dem Leben ernst nehmen, müssen in irgendeiner Art sich Gedanken über das machen, was mit dieser Frage zusammenhängt. Und wie selbstverständlich muß es erscheinen, daß eine solche Vorstellungsart, welche zu ihren Aufgaben die höchsten Menschheitsideale gemacht hat, irgendwie ein Verhältnis gewinnen muß zu den sozialen Anforderungen. Eine solche Vorstellungsart will aber die geisteswissenschaftliche für die Gegenwart sein. Deshalb ist es nur natürlich, wenn nach diesem Verhältnis gefragt wird.

Nun kann es zunächst den Eindruck machen, als ob die Geisteswissenschaft nichts Besonderes nach dieser Richtung hin zu sagen hätte. Man wird als ihren hervorstechendsten Charakterzug zunächst die Verinnerlichung des Seelenlebens und die Erweckung des Blickes für eine geistige Welt erkennen. Selbst solche, die sich nur flüchtig mit den Ideen bekannt machen, welche durch geisteswissenschaftlich orientierte Redner und Schriftsteller Verbreitung finden, werden bei unbefangener Betrachtung dieses Streben erkennen können. Schwieriger ist es aber einzusehen, daß dieses Streben gegenwärtig eine *praktische* Bedeutung habe. Und insbesondere kann nicht leicht dessen Zusammenhang mit der sozialen Frage einleuchtend werden. Was soll, so wird mancher fragen, eine Lehre den sozialen Übelständen helfen, die sich mit «Wiederverkörperung», mit «Karma», mit der «übersinnlichen Welt», mit der «Entstehung des Menschen» und so weiter befaßt? Eine solche Gedankenrichtung scheint von aller Wirklichkeit hinweg in ferne Wolkenhöhen zu fliegen, während jetzt doch ein jeder dringend nötig hätte, sein ganzes Denken zusammenzunehmen, um den Aufgaben zu genügen, welche die irdische Wirklichkeit stellt.

Von all den verschiedenen Meinungen, die gegenwärtig in bezug auf die Geisteswissenschaft notwendig hervortreten müssen, seien hier zwei verzeichnet. Die eine besteht darin, daß man sie als den Ausdruck einer zügellosen Phantastik ansieht. Es ist ganz natürlich, daß eine solche Ansicht besteht. Und sie sollte am wenigsten für den geisteswissenschaftlich Strebenden etwas Unbegreifliches haben. Jedes Gespräch in seiner Umgebung, alles, was um ihn herum vorgeht, was den Menschen Lust und Freude macht, alles das kann ihn darüber belehren, daß er zunächst eine für viele geradezu närrische Sprache führt. Zu diesem Verständnis seiner Umgebung muß er dann allerdings die unbedingte Sicherheit hinzubringen, daß er auf dem rechten Wege ist. Sonst könnte er kaum aufrecht stehen, wenn er sich den Widerstreit seiner Vorstellungen mit denen so vieler anderer klar macht, die zu den Unterrichteten und Denkenden gehören. Hat er die rechte Sicherheit, kennt er die Wahrheit und Tragkraft seiner Ansicht, dann sagt er sich: ich weiß ganz gut, daß ich gegenwärtig als Phantast angesehen werden kann, und es ist mir einleuchtend, warum das so ist; aber die Wahrheit muß wirken, auch wenn sie verlacht und verhöhnt wird, und ihre Wirkung hängt nicht ab von den Meinungen, die man über sie hat, sondern von ihrer gediegenen Grundlage.

Die andere Meinung, von welcher die Geisteswissenschaft betroffen wird, ist die, daß ihre Gedanken zwar schön und befriedigend seien, daß sie aber nur für das innere Seelenleben, nicht für den praktischen Lebenskampf einen Wert haben können. Selbst solche, welche zur Stillung ihrer geistigen Bedürfnisse nach der geisteswissenschaftlichen Nahrung verlangen, können nur zu leicht versucht sein, sich zu sagen: ja, aber wie der sozialen Not, dem materiellen Elend beizukommen ist, darüber kann diese Gedankenwelt doch keine Aufklärung geben. – Nun beruht aber gerade diese Meinung auf einem vollständigen Verkennen der wirklichen Tatsachen des Lebens, und vor allen Dingen auf einem Mißverständnisse gegenüber den Früchten der geisteswissenschaftlichen Vorstellungsart.

Man frägt nämlich fast ausschließlich: was lehrt die Geisteswissenschaft? Wie kann man beweisen, was sie behauptet? Und man sucht dann die Frucht in dem Gefühl der Befriedigung, die man aus den Lehren schöpfen kann. Das ist natürlich so selbstverständlich wie möglich. Man muß ja zunächst eine Empfindung für die Wahrheit von Behauptungen erhalten, die einem gegenübertreten. Die wahre *Frucht* der Geisteswissenschaft darf aber darinnen nicht gesucht werden. Diese Frucht zeigt sich nämlich erst dann, wenn der geisteswissenschaftlich Gesinnte an die Aufgaben des praktischen Lebens herantritt. Es kommt darauf an, ob ihm die Geisteswissenschaft etwas hilft, diese Aufgaben einsichtsvoll zu ergreifen und mit Verständnis die Mittel und Wege zur Lösung zu suchen. Wer im Leben wirken will, muß das Leben erst verstehen. Hier liegt der Kernpunkt der Sache. Solange man dabei stehen bleibt, zu fragen: was *lehrt* die Geisteswissenschaft, kann man diese Lehren zu «hoch» für das praktische Leben finden. Wenn man aber darauf das Augenmerk richtet, welche Schulung das Denken und Fühlen durch diese Lehren erfährt, dann wird man aufhören, solchen Einwand zu machen. So absonderlich es für die oberflächliche Auffassung erscheinen mag, es ist doch richtig: die scheinbar im Wolkenkuckucksheim schwebenden geisteswissenschaftlichen Gedanken bilden den Blick aus für eine richtige Führung des alltäglichen Lebens. Und die Geisteswissenschaft schärft gerade dadurch das Verständnis für die sozialen Forderungen, daß sie den Geist erst in die lichten Höhen des Übersinnlichen führt. So widerspruchsvoll das erscheint, so wahr ist es.

Es soll einmal an einem Beispiele gezeigt werden, was damit gemeint ist. Ein ungemein interessantes Buch ist in der letzten Zeit erschienen: «Als Arbeiter in Amerika» (Berlin K. Siegismund). Es hat zum Verfasser den Regierungsrat *Kolb*, der es unternommen hat, monatelang als gewöhnlicher Arbeiter in Amerika zuzubringen. Dadurch hat er sich ein Urteil über Menschen und Leben angeeignet, wie es ihm offenbar ebensowenig der Bildungsweg hätte geben können, durch den er Regierungsrat geworden ist, noch auch die Erfahrungen, welche er auf diesem Posten und auf all den Stellen hat sammeln können, die man einnimmt, bevor man Regierungsrat wird. Er war somit jahrelang an einer verhältnismäßig verantwortungsvollen Stelle, und erst, als er aus dieser herausgetreten ist und – kurze Zeit – in fernem Lande gelebt hat, lernt er das Leben so kennen, daß er in seinem Buche den folgenden beherzigenswerten Satz schreibt: «Wie oft hatte ich früher, wenn ich einen gesunden Mann betteln sah, mit moralischer Entrüstung gefragt: Warum arbeitet der Lump nicht? Jetzt wußte ichs. *In der Theorie sieht sichs eben anders an, als in der Praxis, und selbst mit den unerfreulichsten Kategorien der Nationalökonomie hantiert sichs am Studiertisch ganz erträglich.*» Nun soll hier nicht das geringste Mißverständnis hervorgerufen werden. Die vollkommenste Anerkennung muß dem Manne entgegengebracht werden, der es sich abgewonnen hat, aus behaglicher Lebenslage herauszutreten, und in einer Brauerei und Fahrradfabrik schwer zu arbeiten. Die Hochschätzung dieser Tat soll vorerst möglichst stark betont werden, damit nicht der Glaube erweckt werde, es solle der Mann abfälliger Kritik unterworfen werden. – Aber für jeden, der sehen *will*, ist unbedingt klar, daß alle Schulung, alle Wissenschaft, die der Mann durchgemacht hat, ihm kein Urteil über das Leben gegeben haben. Man versuche es sich doch klar zu machen, *was* damit zugestanden ist: Man kann alles lernen, was einen gegenwärtig befähigt, verhältnismäßig leitende Stellen einzunehmen: und man kann dabei dem Leben, auf das man wirken soll, ganz ferne stehen. – Ist das nicht so, als wenn man in irgendeiner Schule für den Brückenbau ausgebildet würde, und dann, wenn man vor die Aufgabe tritt, eine Brücke zu bauen, man nichts davon verstehe? *Doch nein:* es ist *nicht* ganz so. Wer sich für den Brückenbau schlecht vorbereitet, dem wird sein Mangel bald klar werden, wenn er an die Praxis herantritt. Er wird sich als Pfuscher erweisen und überall zurückgewiesen werden. Wer sich aber für das Wirken im sozialen Leben schlecht vorbereitet, dessen Mängel können sich nicht so schnell erweisen. Schlecht gebaute Brücken stürzen ein; und dem Befangensten ist dann klar, daß der Brückenbauer ein Pfuscher war. Was aber im sozialen Wirken verpfuscht wird, das zeigt sich nur darinnen, daß die Mitmenschen darunter leiden. Und für den Zusammenhang dieses Leidens mit dem Pfuschertum hat man nicht so leicht ein Auge wie für das Verhältnis zwischen Brückeneinsturz und unfähigem Baumeister. – «Ja, aber», wird man sagen, «was hat denn das alles mit der Geisteswissenschaft zu tun? Glaubt der geisteswissenschaftlich Gesinnte etwa gar, daß seine Lehren dem Regierungsrat Kolb ein besseres Verständnis des Lebens beigebracht hätten? Was hätte es ihm genützt, wenn er etwas von ‹Wiederverkörperung›, ‹Karma› und allen ‹übersinnlichen Welten› gewußt hätte? Niemand wird doch behaupten wollen, daß die Ideen über planetarische Systeme und höhere Welten den genannten Regierungsrat hätten davor bewahren können, eines Tages sich gestehen zu müssen, ‹daß es sich mit den unerfreulichsten Kategorien der Nationalökonomie am Studiertische ganz gut hantiere›.» Der geisteswissenschaftlich Gesinnte kann nun wirklich – wie Lessing in einem bestimmten Falle – antworten: *«Ich bin dieser ‹Niemand›, ich behaupte es geradezu.»* Nur muß man das nicht so verstehen, als ob jemand mit der Lehre von der «Wiederverkörperung», oder dem Wissen vom «Karma» sich sozial richtig betätigen könne. Das wäre natürlich naiv. Die Sache geht selbstverständlich nicht so, daß man diejenigen, welche zu Regierungsräten bestimmt sind, statt sie zu Schmoller, Wagner oder Brentano auf die Universität zu schicken, auf die «Geheimlehre» der Blavatsky verweist. – Worauf es ankommt, ist aber dieses: wird eine nationalökonomische Theorie, welche von einem geisteswissenschaftlich Gesinnten herrührt, eine solche sein, mit der sich am Studiertische gut hantieren läßt, die aber dem wirklichen Leben gegenüber versagt? Und das eben wird sie nicht sein. *Wann* hält eine Theorie dem Leben gegenüber nicht stand? Wenn sie durch ein Denken hervorgebracht ist, das nicht für das Leben geschult ist. Nun sind aber die Lehren der Geisteswissenschaft ebenso die wirklichen Gesetze des Lebens, wie die Lehren der Elektrizität diejenigen einer Fabrik für elektrische Apparate sind. Wer eine solche Fabrik einrichten will, muß zuerst wahre Elektrizitätslehre sich aneignen. Und wer im Leben wirken will, der muß die Gesetze des Lebens kennenlernen. So fern aber scheinbar die Lehren der Geisteswissenschaft dem Leben stehen, so nahe sind sie ihm in Wahrheit. Dem oberflächlichen Blick erscheinen sie weltfremd; dem wahren Verständnis erschließen sie das Leben. Man zieht sich nicht aus bloßer Neugierde zurück in «geisteswissenschaftliche Zirkel», um da allerlei «interessante» Aufschlüsse über jenseitige Welten zu erhalten, sondern man trainiert da sein Denken, Fühlen und Wollen an den «ewigen Gesetzen des Daseins», um herauszutreten in das Leben, und mit hellem, klarem Blick dieses Leben zu verstehen. Die geisteswissenschaftlichen Lehren sind ein Umweg zu einem *lebensvollen* Denken, Urteilen und Empfinden. – Die geisteswissenschaftliche Bewegung wird erst in ihrem rechten Geleise sein, wenn man das voll einsehen wird. Rechtes Handeln entspringt aus rechtem Denken; und unrechtes Handeln entspringt aus verkehrtem Denken oder aus der Gedankenlosigkeit. Wer überhaupt daran glauben will, daß auf sozialem Gebiete etwas Gutes gewirkt werden kann, der muß zugeben, daß es von den *menschlichen Fähigkeiten* abhängt, solches Gute zu wirken. Durch die Ideen der Geisteswissenschaft hindurch sich arbeiten, bedeutet Steigerung der Fähigkeiten zu sozialem Wirken. Es handelt sich in dieser Beziehung nicht allein darum, welche Gedanken man durch die Geisteswissenschaft aufnimmt, sondern darum, was man aus seinem *Denken durch sie macht*.

Gewiß muß zugegeben werden, daß innerhalb der Kreise selbst, die sich der Geisteswissenschaft widmen, noch nicht allzuviel von einer Arbeit gerade in dieser Hinsicht zu merken ist. Und ebensowenig kann geleugnet werden, daß gerade deshalb die der Geisteswissenschaft Fernstehenden noch allen Grund haben, die obigen Behauptungen zu bezweifeln. Aber es darf auch nicht außer acht gelassen werden, daß die geisteswissenschaftliche Bewegung in gegenwärtiger Auffassung erst im Anfange ihrer Wirksamkeit steht. Ihr weiterer Fortschritt wird darinnen bestehen, daß sie sich einführt in alle praktischen Gebiete des Lebens. Dann wird sich beispielsweise für die «soziale Frage» zeigen, daß an Stelle von Theorien, «mit denen sich am Studiertische ganz gut hantieren» läßt, solche treten werden, welche die Einsicht befähigen, unbefangen das *Leben* zu beurteilen, und dem Willen die Richtung zu solchem Handeln geben, daß Heil und Segen für die Mitmenschen entspringt. Gar mancher wird sagen, gerade am Falle Kolb zeige es sich, daß der Hinweis auf die Geisteswissenschaft überflüssig sei. Es wäre nur notwendig, daß die Leute, die sich für irgendeinen Beruf vorbereiten, ihre Theorien nicht bloß in der Studierstube lernten, sondern daß sie mit dem Leben zusammengebracht würden, daß sie neben der theoretischen auch eine praktische Anleitung erhielten. Denn sobald Kolb sich das Leben ansah, genügte doch auch das, was er gelernt hatte, um zu einer anderen Meinung zu kommen, als er früher hatte. – *Nein*, es genügt nicht, weil der

Mangel tiefer liegt. Wenn einer sieht, daß er mit einer mangelhaften Vorbildung nur Brücken bauen kann, die einstürzen, so hat er sich damit noch lange nicht die Fähigkeit erworben, solche zu bauen, die nicht einstürzen. Er muß sich zu letzterem erst eine wirklich fruchtbare Vorbildung aneignen. Sicherlich braucht man nichts weiter, als sich die sozialen Verhältnisse nur anzusehen, auch wenn man eine noch so unzulängliche Theorie hat über die Grundgesetze des Lebens, und man wird nicht mehr jedem gegenüber, der nicht arbeitet, sagen: «warum arbeitet der Lump nicht?». Man kann dann aus den Verhältnissen heraus verstehen, warum ein solcher nicht arbeitet. Aber hat man damit schon gelernt, wie die Verhältnisse zum Gedeihen der Menschen zu gestalten sind? Zweifellos haben alle die gutwilligen Menschen, welche ihre Pläne aufgetischt haben über Verbesserung des Menschenloses, nicht geurteilt wie der Regierungsrat Kolb *vor* seiner Amerikafahrt. Sie waren alle doch wohl auch vor solcher Expedition der Überzeugung, daß nicht jeder, dem es schlecht geht, abzufertigen sei mit der Phrase «warum arbeitet der Lump nicht?». Sind deshalb alle ihre sozialen Reformvorschläge fruchtbar? Nein, das können sie schon deshalb nicht sein, weil sie so vielfach einander widersprechen. Und man wird deshalb ein Recht haben, zu sagen, daß wohl auch des Regierungsrates Kolb positive Reformpläne nach seiner Bekehrung nicht sonderlich viel Wirkung haben können. Das eben ist der Irrtum unserer Zeit in dieser Beziehung, daß sich ein jeder für befähigt hält, das Leben zu verstehen, auch wenn er sich nichts mit den Grundgesetzen des Lebens zu schaffen gemacht hat, wenn er sein Denken nicht erst geschult hat, um die wahren Kräfte des Lebens zu sehen. Und Geisteswissenschaft ist Schulung für eine gesunde Beurteilung des Lebens, weil sie dem Leben auf den Grund geht. Es hilft gar nichts, zu sehen, daß die Verhältnisse den Menschen in ungünstige Lebenslagen bringen, in denen er verkommt: man muß die *Kräfte* kennen lernen, durch welche günstige Verhältnisse geschaffen werden. Und das können unsere nationalökonomisch Gebildeten aus einem ähnlichen Grund nicht, aus dem keiner rechnen kann, der nichts vom Einmaleins weiß. Stellet einen solchen vor noch so viele Zahlenreihen hin: das Anschauen wird ihm nichts nützen. Stellt den, dessen Denken nichts versteht von den Grundkräften des sozialen Lebens, vor die Wirklichkeit: er mag noch so eindringlich beschreiben, was er sieht; wie sich die sozialen Kräfte verschlingen zum Wohl oder zum Unheil der Menschen, darüber kann er doch nichts ausmachen.

In unserer Zeit ist eine Lebensauffassung notwendig, welche zu den wahren Quellen des Lebens hinführt. Und eine solche Lebensauffassung kann die Geisteswissenschaft sein. Wenn alle diejenigen, welche sich eine Meinung bilden wollen über das, was «sozial nottut», zuerst durch die Lebenslehre der Geisteswissenschaft gehen wollten, dann kämen wir weiter. – Der Einwand, daß diejenigen, die sich der Geisteswissenschaft widmen, heute bloß «reden» und nicht «handeln», kann ebensowenig gelten, wie derjenige, daß sich ja auch die geisteswissenschaftlichen Meinungen noch nicht erprobt haben, sich also vielleicht ebenso als graue Theorie entpuppen könnten, wie die Nationalökonomie des Herrn Kolb. Der erste Einwand bedeutet aus dem Grunde nichts, weil man «handeln» selbstverständlich so lange nicht kann, als einem die Wege zum Handeln versperrt sind. Lasset einen Seelenkenner noch so gut wissen, was ein Vater tun müsse in der Erziehung seiner Kinder; er kann nicht «handeln», wenn ihn der Vater nicht zum Erzieher bestellt. In dieser Beziehung muß in Geduld gewartet werden, bis das «Reden» der geisteswissenschaftlich Arbeitenden denen, welche die Macht zum «Handeln» haben, die Einsicht gebracht hat. Und das wird geschehen. Der andere Einwand ist nicht minder belanglos. Und er kann überhaupt nur von solchen erhoben werden, die unbekannt sind mit dem Grundwesen der geisteswissenschaftlichen Wahrheiten. Wer sie kennt, der weiß, daß sie gar nicht so zustande kommen, wie etwas, das man «ausprobiert». Die Gesetze des Menschenheiles sind nämlich ebenso sicher in die Urgrundlage der Menschenseele gelegt, wie das Einmaleins da hineingelegt ist. Man muß nur tief genug hinuntersteigen in diese Urgrundlage der menschlichen Seele. Gewiß, man kann *anschaulich* machen, was so eingezeichnet ist in die Seele, wie man anschaulich machen kann, daß zweimal zwei vier ist, wenn man vier Bohnen in zwei Gruppen nebeneinander legt. Aber wer wollte behaupten, daß sich die Wahrheit «Zweimal zwei ist vier» erst an den Bohnen «erproben» muß. Es verhält sich nämlich durchaus so: wer die geisteswissenschaftliche Wahrheit bezweifelt, der hat sie noch nicht *erkannt*, wie nur ein solcher bezweifeln könnte, daß «zweimal zwei vier ist», der es nocht nicht erkannt hat. So sehr sich auch beides unterscheidet, weil das letztere so einfach, das erstere so kompliziert ist: die Ähnlichkeit in anderer Beziehung ist doch vorhanden. – Allerdings kann das nicht eingesehen werden, solange man nicht in die Geisteswissenschaft selbst eindringt. Deshalb kann auch für den Nichtkenner der Geisteswissenschaft kein «Beweis» für diese Tatsache erbracht werden. Mann kann nur sagen: lernet die Geisteswissenschaft erst kennen, und ihr werdet auch über all das klar sein.

Der wichtige Beruf der Geisteswissenschaft in unserer Zeit wird sich zeigen, wenn sie ein Sauerteig in allem Leben geworden sein wird. Solange dieser Weg ins Leben noch nicht im vollen Sinne des Wortes betreten werden kann, sind die geisteswissenschaftlich Gesinnten erst im Anfang ihres Wirkens. Und solange werden sie wohl auch den Vorwurf hören müssen, daß ihre Lehren lebensfeindlich seien. Ja, sie sind, wie die Eisenbahn feindlich war einem Leben, das nur die Postkutsche als das «Lebenswahre» anzusehen vermochte. Sie sind so feindlich, wie die Zukunft feindlich der Vergangenheit ist.

Im folgenden soll auf einiges Besondere in dem Verhältnis von «Geisteswissenschaft und soziale Frage» eingegangen werden. –

*

Zwei Ansichten stehen einander gegenüber in bezug auf die «soziale Frage». Die eine sieht die Ursachen des Guten und Schlimmen im sozialen Leben mehr in den Menschen, die andere hauptsächlich in den Verhältnissen, innerhalb welcher die Menschen leben. Die Vertreter der ersteren Meinung werden dadurch den Fortschritt fördern wollen, daß sie die geistige und physische Tüchtigkeit der Menschen und ihr moralisches Fühlen zu heben trachten; diejenigen, welche zur zweiten Anschauung neigen, werden dagegen vor allem darauf bedacht sein, die Lebenslage zu heben, denn sie sagen sich, wenn die Menschen auskömmlich leben können, dann wird ihre Tüchtigkeit und ihr sittliches Empfinden von selbst auf einen höheren Stand sich bringen. Man kann wohl kaum leugnen, daß die zweite Ansicht heute stetig an Boden gewinnt. In vielen Kreisen gilt es als der Ausdruck eines ganz rückständigen Denkens, wenn man die erstere Anschauung noch besonders betont. Es wird da gesagt: wer vom frühen Morgen bis zum späten Abend mit der bittersten Not zu kämpfen hat, der kann zu einer Entwickelung seiner geistigen und moralischen Kräfte nicht kommen. Gebet einem solchen erst Brot, bevor ihr ihm von geistigen Angelegenheiten redet.

Insbesondere einem solchen Streben wie dem geisteswissenschaftlichen gegenüber spitzt sich die letztere Behauptung leicht zu einem Vorwurfe zu. Und es sind nicht die Schlechtesten in unserer Zeit, welche dergleichen Vorwürfe erheben. Solche sagen wohl: «Der waschechte Theosoph steigt sehr ungern von den devachanischen und kamischen Ebenen auf diese Erde herab. Man kaut lieber zehn Sanskritworte, ehe man sich darüber unterrichtet, was die Grundrente ist.» So ist zu lesen in einem vor kurzem erschienenen interessanten Buche «Die kulturelle Lage Europas beim Wiedererwachen des modernen Okkultismus» von G. L. Dankmar (Leipzig, Oswald Mutze, 1905).

Naheliegend ist es, den Vorwurf in der folgenden Form zu erheben. Man weist darauf hin, daß in unserer Zeit oftmals Familien von acht Köpfen in einer einzigen Stube zusammengepfercht sind, daß solchen Luft und Licht selbst fehlen, daß sie ihre Kinder zur Schule in einem Zustande schicken müssen, so daß Schwäche und Hunger sie zusammenbrechen lassen. Dann sagt man: müssen diejenigen, welche auf den Massenfortschritt bedacht sind, nicht vor allem ihr ganzes Streben darauf verwenden, in solchen Verhältnissen Abhilfe zu schaffen? Statt ihr Denken auf die Lehren der höheren Geisteswelten sollten sie es auf die Frage lenken: wie sind die sozialen Notstände zu heben? «Steige die Theosophie aus ihrer eisigen Einsamkeit hinab unter Menschen, unter das Volk; stelle sie im Ernste und in Wahrheit die ethische Forderung der allgemeinen Brüderlichkeit an die Spitze ihres Programms, und handle sie, unbekümmert um alle Konsequenzen, danach; mache sie das Wort Christi von der Nächstenliebe zur *sozialen Tat* und sie wird köstlich unverlierbares Menschheitseigentum werden und bleiben.» So heißt es in obengenanntem Buche weiter.

Diejenigen, welche einen solchen Einwand gegen die Geisteswissenschaft erheben, meinen es gut. Ja, es soll ihnen sogar zugestanden werden, daß sie gegenüber vielen recht haben, die sich mit den geisteswissenschaftlichen Lehren beschäftigen. Zweifellos sind unter den letzeren solche, die nur für ihre eigenen geistigen Bedürfnisse sorgen wollen, die nur etwas wissen wollen über das «höhere Leben», über das Schicksal der Seele nach dem Tode usw. – Und man hat gewiß auch nicht unrecht, wenn man sagt, in der gegenwärtigen Zeit erscheint es nötiger, in gemeinnützigem Wirken, in den Tugenden der Nächstenliebe und Menschenwohlfahrt sich zu entfalten, als in weltfremder Einsamkeit irgendwelche in der Seele schlummernden höheren Fähigkeiten zu pflegen. Die letzteres vor allem wollen, könnten als Menschen von einer verfeinerten Selbstsucht gelten, denen das eigene Seelenwohl über den allgemeinen menschlichen Tugenden steht. – Nicht minder kann man hören, wie darauf hingewiesen wird, daß für ein geistiges Streben, wie es das geisteswissenschaftliche ist, doch nur Menschen Interesse haben können, denen es «gut geht», und welche daher ihre «müßige Zeit» solchen Dingen widmen können. Wer aber vom Morgen bis zum Abend für elenden Lohn seine Hände rühren muß, den soll man nicht abspeisen wollen mit Redensarten von allgemeiner Menscheneinheit, von «höherem Leben» und ähnlichen Dingen.

Gewiß ist, daß in der angedeuteten Richtung auch von geisteswissenschaftlich Strebenden mancherlei gesündigt wird. Aber nicht minder richtig ist, daß gut verstandenes geisteswissenschaftliches Leben den Menschen auch als Einzelnen zu den Tugenden der opferwilligen Arbeit und des gemeinnützigen Wirkens führen muß. Jedenfalls wird die Geisteswissenschaft niemand *hindern* können, ein ebenso guter Mensch zu sein wie andere es sind, die nichts von Geisteswissenschaft wissen oder wissen wollen. – Aber das alles berührt ja in bezug auf die «soziale Frage» gar nicht die Hauptsache. Um zu dieser Hauptsache vorzudringen, ist eben durchaus mehr notwendig, als die Gegner des geisteswissenschaftlichen Strebens zugeben wollen. Ohne weiteres soll diesen Gegner ja zugestanden werden, daß mit den Mitteln, welche von mancher Seite zur Verbesserung der sozialen Menschenlage vorgeschlagen werden, *viel* zu erreichen ist. Die eine Partei will das, die andere jenes. Mancherlei von solchen Parteiforderungen erweist sich dem klar Denkenden bald als Hirngespinst; manches aber enthält gewiß auch den allerbesten Kern.

Owen, der 1771 bis 1858 lebte, gewiß einer der edelsten Sozialreformatoren, hat immer wieder und wieder betont, daß der Mensch durch die Umgebung bestimmt werde, in welcher er aufwächst, daß des Menschen Charakter nicht durch ihn selbst gebildet werde, sondern durch die Lebensverhältnisse, in denen er gedeiht. Durchaus soll nicht das blendend Richtige bestritten werden, das solche Sätze haben. Und noch weniger sollen sie mit geringschätzigem Achselzucken behandelt werden, obgleich sie mehr oder weniger selbstverständlich sind. Vielmehr soll ohne weiteres zugestanden werden, daß vieles besser werden kann, wenn man im öffentlichen Leben sich nach solchen Erkenntnissen richtet. Deshalb wird aber auch die Geisteswissenschaft niemand hindern, sich an denjenigen Werken des Menschenfortschrittes zu beteiligen, die im Sinne solcher Erkenntnisse ein besseres Los der gedrückten und notleidenden Menschheitsklassen herbeiführen wollen.

Nur *muß* die Geisteswissenschaft tiefer gehen. Ein *durchgreifender* Fortschritt kann nämlich durch alle solche Mittel nimmermehr bewirkt werden. Wer das nicht zugibt, der hat sich niemals klar gemacht, woher die Lebensverhältnisse kommen, innerhalb welcher die Menschen sich befinden. So weit nämlich des Menschen Leben von diesen Verhältnissen abhängig ist, sind diese selbst von Menschen bewirkt. Oder wer hat denn die Einrichtungen getroffen, durch die der eine arm, der andere reich ist? Doch andere Menschen. Das ändert doch wahrlich nichts an dieser Sachlage, daß diese «anderen Menschen» zumeist *vor* denen gelebt haben, die unter den Verhältnissen gedeihen oder nicht gedeihen. Die Leiden, die dem Menschen die *Natur* selbst auferlegt, kommen für die *soziale* Lage doch nur mittelbar in Betracht. *Diese* Leiden müssen eben durch das menschliche Handeln gelindert, oder ganz beseitigt werden. Geschieht das nicht, was in dieser Richtung notwendig ist, so fehlt es also doch nur an den menschlichen Einrichtungen. – Ein gründliches Erkennen der Dinge lehrt, daß alle Übel, von denen mit Recht als von sozialen gesprochen werden kann, auch von den menschlichen Taten herrühren. Gewiß ist in dieser Beziehung nicht der einzelne Mensch, sicher aber die ganze Menschheit der «Schmied des eigenen Glückes».

So gewiß aber *dieses* ist, so wahr ist auch, daß in größerem Umfange kein beträchtlicher Teil der Menschheit, keine Kaste oder Klasse das Leid eines anderen Teiles in böswilliger Absicht bewirkt. Alles, was in dieser Richtung behauptet wird, beruht auf bloßem Mangel an Einsicht. Trotzdem auch dies eigentlich eine selbstverständliche Wahrheit ist, muß sie doch ausgesprochen werden. Denn wenn auch solche Dinge mit dem Verstande leicht durchschaut werden, so verhält man sich doch im praktischen Leben nicht in ihrem Sinne. Jedem Ausbeuter seiner Mitmenschen wäre natürlich das liebste, wenn die Opfer seiner Ausbeutung *nicht* zu leiden hätten. Man käme weit, wenn man das nicht bloß selbstverständlich fände, sondern auch seine Empfindungen und Gefühle darnach einrichtete.

Ja, aber was soll man mit solchen Behauptungen anfangen? So wird zweifellos mancher «sozial Denkende» einwenden. Soll etwa gar der Ausgebeutete dem Ausbeuter mit wohlwollenden Gefühlen gegenüberstehen? Ist es nicht zu begreiflich, wenn der erstere den letzteren haßt und aus dem Hasse heraus zu seiner Parteistellung geführt wird? Es wäre doch wahrlich ein schlechtes Rezept – so wird man weiter einwenden –, wenn der Bedrückte dem Bedrücker gegenüber an die Menschenliebe gemahnt würde, etwa im Sinne des Satzes vom großen Buddha: «Haß wird nicht durch Haß, sondern allein durch Liebe überwunden.»

Dennoch führt die Erkenntnis, die an diesen Punkt anknüpft, allein in der gegenwärtigen Zeit zu einem wirklichen «sozialen Denken». Und hier ist es eben, wo geisteswissenschaftliche Gesinnung einsetzt. Diese kann nämlich nicht an der Oberfläche des Verständnisses haften, sondern muß in die Tiefe dringen. Deshalb kann sie nicht dabei stehen bleiben, zu zeigen, daß durch diese oder jene Verhältnisse Elend geschaffen wird, sondern sie muß zu der allein fruchtbaren Erkenntnis vordringen, wodurch diese Verhältnisse geschaffen worden sind und noch fortwährend geschaffen werden. Und gegenüber diesen tieferen Fragen erweisen sich die meisten sozialen Theorien eben nur als «graue Theorien», wenn nicht gar als bloße Redensarten.

Solange man mit seinem Denken an der Oberfläche bleibt, solange schreibt man den Verhältnissen, überhaupt dem Äußerlichen eine ganz falsche Macht zu. Diese Verhältnisse sind nämlich nur der *Ausdruck* eines *inneren Lebens*. Und so wie nur derjenige den menschlichen Körper versteht, der weiß, daß dieser der Ausdruck der Seele ist, so kann auch nur derjenige die äußeren Einrichtungen im Leben richtig beurteilen, der sich klar macht, daß diese nichts anderes sind als das Geschöpf der Menschenseelen, die ihre Empfindungen, Gesinnungen und Gedanken darin verkörpern. Die Verhältnisse, in denen man lebt, sind von den Mitmenschen geschaffen; und man wird niemals selbst bessere schaffen, wenn man nicht von anderen Gedanken, Gesinnungen und Empfindungen ausgeht, als jene Schöpfer hatten.

Man betrachte solche Dinge im einzelnen. Äußerlich wird leicht derjenige als Bedrücker erscheinen, der einen prunkvollen Haushalt führen, in der Eisenbahn die erste Klasse benützen kann usw. Und als der Bedrückte wird erscheinen, wer einen schlechten Rock tragen und vierter Klasse fahren muß. Man braucht aber kein mitleidloses Individuum, auch kein Reaktionär oder dergleichen zu sein, um mit klarem Denken doch das folgende zu verstehen. Niemand wird dadurch bedrückt und ausgebeutet, daß ich diesen oder jenen Rock trage, sondern allein dadurch, daß ich den Arbeiter, der für mich den Rock anfertigt, zu wenig entlohne. Der arme Arbeiter, der sich seinen schlechten Rock für weniges Geld erwirbt, ist nun gegenüber seinem Mitmenschen *in dieser Beziehung* in genau der gleichen Lage wie der Reiche, der sich den besseren Rock machen läßt. Ob ich arm bin oder reich: ich beute aus, wenn ich Dinge erwerbe, die nicht genügend bezahlt werden. Eigentlich dürfte heute keiner irgendeinen andern einen Bedrücker nennen, denn er sehe sich nur einmal selbst an. Tut er das letztere genau, so wird er in sich bald auch den «Bedrücker» entdecken. Wird denn die Arbeit, die du an den Wohlhabenden liefern mußt, *nur* an diesen zu dem schlechten Lohn geliefert? Nein, derjenige, der neben dir sitzt, und mit dir über Bedrückung klagt, verschafft sich deiner Hände Arbeit zu genau den gleichen Bedingungen wie der Wohlhabende, gegen den ihr euch beide wendet. Man denke das einmal durch, und man wird andere Anhaltspunkte zu «sozialem Denken» finden, als die gebräuchlichen sind.

Man wird vor allem durch ein in dieser Richtung gehendes Nachdenken darüber klar werden, daß man die Begriffe «Reich» und «Ausbeuter» vollkommen trennen muß. Ob man heute reich oder arm ist, das hängt von der persönlichen Tüchtigkeit oder von derjenigen seiner Vorfahren ab, oder von ganz anderen Dingen. Daß man Ausbeuter der Arbeitskraft anderer ist, das aber hat gar nichts mit *diesen* Dingen zu tun. Wenigstens nicht unmittelbar. Aber mit anderem hat es sehr viel zu tun. Nämlich damit, daß unsere Einrichtungen oder die uns umgebenden Verhältnisse auf den *persönlichen Eigennutz* aufgebaut sind. Man muß darüber ganz klar denken, sonst wird man zu der verkehrtesten Auffassung dessen kommen, was gesagt wird. Wenn ich heute einen Rock erwerbe, so erscheint es, nach den bestehenden Verhältnissen, ganz natürlich, daß ich ihn so billig wie nur möglich erwerbe. Das heißt: ich habe dabei nur *mich* im Auge. Damit ist aber der Gesichtspunkt angedeutet, welcher unser ganzes Leben beherrscht. Nun wird man leicht mit einem Einwande zur Stelle sein können. Man kann sagen: bestreben sich denn nicht eben die sozial denkenden Parteien und Persönlichkeiten, diesem Übel abzuhelfen? Bemüht man sich nicht, die «Arbeit» zu schützen? Fordern nicht die arbeitenden Klassen und ihre Vertreter, Lohnverbesserungen und Arbeitszeiteinschränkungen? Schon oben ist gesagt worden, daß von dem Standpunkte der Gegenwart auch nicht das geringste gegen solche Forderungen und Maßnahmen eingewendet werden soll. Natürlich soll damit auch nicht irgendeiner der bestehenden Parteiforderungen das Wort geredet werden. Im einzelnen kommt von dem Gesichtspunkte aus, um den es sich hier handelt, keine Parteinahme, weder «für» noch «gegen» in Betracht. Solches liegt zunächst ganz außerhalb der geisteswissenschaftlichen Betrachtungsweise.

Man mag noch so viele Verbesserungen zum Schutze irgendeiner Arbeitsklasse einführen, und damit gewiß viel zur Hebung der Lebenslage dieser oder jener Menschengruppe beitragen: Das *Wesen* der Ausbeutung wird dadurch nicht gemildert. Denn dieses hängt davon ab, daß ein Mensch unter dem Gesichtspunkt des *Eigennutzes* sich die Arbeitsprodukte des anderen erwirbt. Ob ich viel oder wenig habe: bediene ich mich dessen, was ich habe, zur Befriedigung meines Eigennutzes, so *muß* dadurch der andere ausgebeutet werden. Selbst wenn ich bei Aufrechterhaltung dieses Gesichtspunktes seine Arbeit schütze, so ist damit nur scheinbar etwas getan. Bezahle ich die Arbeit des anderen teurer, so muß er dafür auch die meine teurer bezahlen, wenn nicht durch die Besserstellung des einen die Schlechterstellung des anderen bewirkt werden soll.

Ein anderes Beispiel soll zur Erläuterung hier angeführt werden. Wenn ich eine Fabrik kaufe, um durch dieselbe möglichst viel für mich zu erwerben, so werde ich sehen, die Arbeitskräfte so billig wie nur möglich zu erhalten usw. Alles, was geschieht, wird unter dem Gesichtspunkt des persönlichen Eigennutzes stehen. – Kaufe ich dagegen die Fabrik mit dem Gesichtspunkte, zweihundert Menschen möglichst gut zu versorgen, so werden alle meine Maßnahmen eine andere Färbung annehmen. – Praktisch wird sich *heute* gewiß der zweite Fall von dem ersten nicht gerade viel unterscheiden können. Das hängt aber lediglich daran, daß der *einzelne* Selbstlose nicht allzu viel vermag innerhalb einer Gemeinschaft, die im übrigen auf den Eigennutz aufgebaut ist. Ganz anders aber würde sich die Sache stellen, wenn die uneigennützige Arbeit eine *allgemeine* wäre.

Ein «praktisch» Denkender wird natürlich meinen, daß durch die bloße «gute Gesinnung» sich doch niemand die Möglichkeit verschaffen könne, seinen Arbeitern zu besseren Lohnverhältnissen zu verhelfen. Denn man steigere doch durch Wohlwollen nicht das Erträgnis für seine Waren, und ohne das könne man auch für den Arbeiter keine besseren Bedingungen schaffen. – Und gerade darauf kommt es an, einzusehen, daß dieser Einwand ein vollkommener Irrtum ist. Alle Interessen und damit alle Lebensverhältnisse ändern sich, wenn man bei der Erwerbung einer Sache nicht mehr *sich*, sondern die *anderen* im Auge hat. Auf was muß jemand sehen, der nur seinem Eigenwohle dienen kann? Doch darauf, daß er möglichst viel erwerbe. *Wie* die anderen arbeiten müssen, um *seine* Bedürfnisse zu befriedigen, darauf kann er keine Rücksicht nehmen. Er muß also dadurch seine Kräfte im *Kampfe* ums Dasein entfalten. Begründe ich eine Unternehmung, die *mir* möglichst viel einbringen soll, so frage ich nicht, auf welche Art die Arbeitskräfte in Bewegung gesetzt werden, die für mich arbeiten. Komme ich aber gar nicht in Frage, sondern nur der Gesichtspunkt: wie dient meine Arbeit den anderen? so ändert sich alles. Nichts nötigt mich dann, irgend etwas zu unternehmen, was einem anderen abträglich sein kann. Ich stelle dann meine Kräfte nicht in meinen Dienst, sondern in den der anderen. Und das hat eine ganz andere Entfaltung der Kräfte und Fähigkeiten der Menschen zur Folge. Wie das die Lebensverhältnisse *praktisch* ändert, davon im Schluß des Aufsatzes. –

*

Robert Owen darf in einem gewissen Sinne als ein Genie der praktischen sozialen Wirksamkeit bezeichnet werden. Zwei Eigenschaften waren bei ihm vorhanden, welche diese Bezeichnung wohl rechtfertigen mögen: ein umsichtiger Blick für sozialnützliche Einrichtungen und eine edle Menschenliebe. Man braucht nur zu betrachten, was er durch diese beiden Fähigkeiten zustande gebracht hat, um deren ganze Bedeutung richtig zu würdigen. Er schuf in New Lanark mustervolle industrielle Einrichtungen, und beschäftigte die Arbeiter dabei in einer Weise, daß sie nicht nur ein menschenwürdiges Dasein in materieller Beziehung hatten, sondern daß sie auch innerhalb moralisch befriedigender Verhältnisse lebten. Die Personen, welche da zusammengebracht wurden, waren zum Teil herabgekommen, dem Trunk ergeben. Er stellte bessere Elemente zwischen solche ein, die durch ihr Beispiel auf die andern wirkten. Und so wurden die denkbar günstigsten Ergebnisse zustande gebracht. Was Owen da gelang, macht es unmöglich, ihn mit anderen mehr oder weniger phantastischen «Weltverbesserern» – sogenannten Utopisten – auf eine Stufe zu stellen. Er hielt sich eben im Rahmen praktisch ausführbarer Einrichtungen, von denen auch jeder aller Träumerei abgeneigte Mensch voraussetzen kann, daß sie zunächst auf einem gewissen beschränkten Gebiete das menschliche Elend aus der Welt schaffen würden. Auch ist es nicht unpraktisch gedacht, wenn man den Glauben hegt, daß solch ein kleines Gebiet als Muster wirken und von ihm allmählich eine gesunde Entwickelung des Menschenloses in sozialer Richtung angeregt werden könnte.

Owen selbst dachte wohl so. Deshalb wagte er sich auf der betretenen Bahn noch einen weiteren Schritt vorwärts. Im

Jahre 1824 ging er daran, im Gebiete Indiana in Nordamerika eine Art kleinen Musterstaates zu schaffen. Er erwarb ein Landgebiet, auf dem er eine auf Freiheit und Gleichheit gebaute menschliche Gemeinschaft begründen wollte. Alle Einrichtungen wurden so getroffen, daß Ausbeutung und Knechtung Unmöglichkeit waren. Wer an eine solche Aufgabe herantritt, muß die schönsten sozialen Tugenden mitbringen: die Sehnsucht, seine Mitmenschen glücklich zu machen, und den Glauben an die Güte der Menschennatur. Er muß der Ansicht sein, daß sich ganz von selbst innerhalb dieser Menschennatur die Lust zu arbeiten entwickeln werde, wenn der Segen dieser Arbeit durch entsprechende Einrichtungen gesichert erscheint.

In Owen war dieser Glaube so stark vorhanden, daß es schon recht schlimme Erfahrungen sein mußten, die ihn in demselben wankend werden ließen.

Und – diese schlimmen Erfahrungen traten wirklich ein. Owen mußte nach langen edlen Bemühungen zu dem Bekenntnis kommen, daß «man mit der Verwirklichung solcher Kolonien stets scheitern müsse, wenn man nicht vorher die allgemeine Sitte umgewandelt; und daß es mehr wert wäre, auf die Menschheit auf dem theoretischen Wege einzuwirken, als auf dem der Praxis». – Zu solcher Meinung ist dieser Sozialreformer durch die Tatsache gedrängt worden, daß sich Arbeitsunlustige genug fanden, welche die Arbeit auf ihre Mitmenschen abladen wollten, wodurch Streit, Kampf und zuletzt der Bankerott der Kolonie folgen mußten.

Owens Erfahrung kann lehrreich sein für alle, die wirklich lernen wollen. Sie kann hinüberleiten von allen künstlich geschaffenen und künstlich ausgedachten Einrichtungen zum

Heile der Menschheit zu fruchtbarer, mit der wahren Wirklichkeit rechnenden sozialen Arbeit.

Gründlich geheilt konnte Owen sein durch seine Erfahrung von dem Glauben, daß alles Menschenelend nur bewirkt werde durch die «schlechten Einrichtungen», in denen die Menschen leben, und daß die Güte der Menschennatur schon von selbst zutage treten werde, wenn man diese Einrichtungen verbessert. Er mußte sich davon überzeugen, daß gute Einrichtungen überhaupt nur aufrecht zu erhalten sind, wenn die daran beteiligten Menschen ihrer inneren Natur nach dazu geneigt sind, sie zu erhalten, wenn diese mit warmem Anteile an ihnen hängen.

Man könnte nun zunächst daran denken, es sei notwendig, die Menschen, denen man solche Einrichtungen verschaffen will, theoretisch darauf vorzubereiten. Etwa dadurch, daß man ihnen das Richtige und Zweckentsprechende der Maßnahmen klar machte. Es liegt für einen Unbefangenen gar nicht so ferne, aus Owens Bekenntnis so etwas herauszulesen. Und dennoch kann man zu einem wirklich praktischen Ergebnis nur dadurch gelangen, daß man tiefer in die Sache eindringt. Man muß von dem bloßen Glauben an die Güte der Menschennatur, der Owen getäuscht hat, zu wirklicher *Menschenkenntnis* vorschreiten. – Alle Klarheit, welche die Menschen jemals darüber sich aneignen könnten, daß irgendwelche Einrichtungen zweckmäßig sind und der Menschheit zum Segen gereichen können – alle solche Klarheit kann *auf die Dauer* nicht zum gewünschten Ziele führen. Denn durch solch eine klare Einsicht wird der Mensch nicht die inneren Antriebe zur Arbeit gewinnen können, wenn auf der anderen Seite sich bei ihm die im Egoismus begründeten Triebe geltend machen. Dieser Egoismus ist einmal zunächst ein Teil der Menschennatur. Und das führt dazu, daß er sich im Gefühl des Menschen regt, wenn dieser innerhalb der Gesellschaft mit anderen zusammen leben und arbeiten soll. Mit einer gewissen Notwendigkeit führt dies dazu, daß in der Praxis die meisten eine solche gesellschaftliche Einrichtung für die beste halten werden, durch welche der einzelne seine Bedürfnisse am besten befriedigen kann. So bildet sich unter dem Einfluß der egoistischen Gefühle ganz naturgemäß die soziale Frage in der Form heraus: welche gesellschaftlichen Einrichtungen müssen getroffen werden, damit ein jeder *für sich* das Erträgnis seiner Arbeit haben kann? Und besonders in unserer materialistisch denkenden Zeit rechnen nur wenige mit einer anderen Voraussetzung. Wie oft kann man es wie eine selbstverständliche Wahrheit aussprechen hören, daß eine soziale Ordnung ein Unding sei, welche auf Wohlwollen und Menschenmitgefühl sich aufbauen will. Man rechnet vielmehr damit, daß das Ganze einer menschlichen Gemeinschaft am besten gedeihen könne, wenn der einzelne den «vollen» oder den größtmöglichen Ertrag seiner Arbeit auch einheimsen kann.

Genau das Gegenteil davon lehrt nun der Okkultismus, der auf eine tiefere Erkenntnis des Menschen und der Welt begründet ist. Er zeigt gerade, daß alles menschliche Elend lediglich eine Folge des Egoismus ist, und daß in einer Menschengemeinschaft ganz notwendig zu irgendeiner Zeit Elend, Armut und Not sich einstellen müssen, wenn diese Gemeinschaft in irgendeiner Art auf dem Egoismus beruht. Um das einzusehen, dazu gehören allerdings tiefere Erkenntnisse, als es diejenigen sind, welche da und dort unter der

Flagge der sozialen Wissenschaft segeln. Diese «soziale Wissenschaft» rechnet eben nur mit der Außenseite des Menschenlebens, nicht aber mit den tiefer liegenden Kräften desselben. Ja, es ist sogar sehr schwierig, bei der Mehrzahl der gegenwärtigen Menschen in ihnen auch nur ein Gefühl davon zu erwecken, daß von solchen tiefer liegenden Kräften die Rede sein könne. Sie betrachten denjenigen als einen unpraktischen Phantasten, der ihnen mit solchen Dingen irgendwie kommt. Nun kann aber auch hier gar nicht einmal der Versuch gemacht werden, eine auf tiefer liegende Kräfte gebaute soziale Theorie zu entwickeln. Denn dazu wäre ein ausführliches Werk nötig. Nur eines kann geleistet werden: auf die wahren Gesetze des menschlichen Zusammenarbeitens kann hingewiesen und gezeigt werden, welche vernünftigen sozialen Erwägungen sich für den Kenner dieser Gesetze ergeben. Das volle Verständnis der Sache kann nur derjenige gewinnen, welcher sich eine auf den Okkultismus begründete Weltauffassung erwirbt. Und auf die Vermittlung einer solchen Weltauffassung arbeitet ja diese ganze Zeitschrift hin. Man kann sie nicht von einem einzelnen Aufsatz über die «soziale Frage» erwarten. Alles, was dieser sich zur Aufgabe machen kann, ist, vom okkulten Standpunkte aus ein Schlaglicht zu werfen auf diese Frage. Es wird ja immerhin Personen geben, welche das gefühlsmäßig in seiner Richtigkeit erkennen, was in aller Kürze vorgebracht werden soll, und welches unmöglich in aller Ausführlichkeit dargelegt werden kann.

Nun, das soziale Hauptgesetz, welches durch den Okkultismus aufgewiesen wird, ist das folgende: *«Das Heil einer Gesamtheit von zusammenarbeitenden Menschen ist um so größer, je weniger der einzelne die Erträgnisse seiner Leistun-*

gen für sich beansprucht, das heißt, je mehr er von diesen Erträgnissen an seine Mitarbeiter abgibt, und je mehr seine eigenen Bedürfnisse nicht aus seinen Leistungen, sondern aus den Leistungen der anderen befriedigt werden.» Alle Einrichtungen innerhalb einer Gesamtheit von Menschen, welche diesem Gesetz widersprechen, müssen bei längerer Dauer irgendwo Elend und Not erzeugen. – Dieses Hauptgesetz gilt für das soziale Leben mit einer solchen Ausschließlichkeit und Notwendigkeit, wie nur irgendein Naturgesetz in bezug auf irgendein gewisses Gebiet von Naturwirkungen gilt. Man darf aber nicht denken, daß es genüge, wenn man dieses Gesetz als ein allgemeines moralisches gelten läßt oder es etwa in die Gesinnung umsetzen wollte, daß ein jeder im Dienste seiner Mitmenschen arbeite. Nein, in der Wirklichkeit lebt das Gesetz nur so, wie es leben soll, wenn es einer Gesamtheit von Menschen gelingt, solche Einrichtungen zu schaffen, daß niemals jemand die Früchte seiner eigenen Arbeit für sich selber in Anspruch nehmen kann, sondern doch diese möglichst ohne Rest der Gesamtheit zugute kommen. Er selbst muß dafür wiederum durch die Arbeit seiner Mitmenschen erhalten werden. Worauf es also ankommt, das ist, daß für die Mitmenschen arbeiten und ein gewisses Einkommen erzielen zwei voneinander ganz getrennte Dinge seien.

Diejenigen, welche sich einbilden, «praktische Menschen» zu sein, werden – darüber gibt sich der Okkultist keiner Täuschung hin – über diesen «haarsträubenden Idealismus» nur ein Lächeln haben. Und dennoch ist das obige Gesetz praktischer als nur irgendein anderes, das jemals von «Praktikern» ausgedacht oder in die Wirklichkeit eingeführt worden ist. Wer nämlich das Leben wirklich untersucht, der kann finden, daß eine jede Menschengemeinschaft, die irgendwo existiert, oder die nur jemals existiert hat, zweierlei Einrichtungen hat. Der eine dieser beiden Teile entspricht diesem Gesetze, der andere widerspricht ihm. So muß es nämlich überall kommen, ganz gleichgültig, ob die Menschen wollen oder nicht. Jede Gesamtheit zerfiele nämlich sofort, wenn nicht die Arbeit der einzelnen dem Ganzen zufließen würde. Aber der menschliche Egoismus hat auch von jeher dieses Gesetz durchkreuzt. Er hat für den einzelnen möglichst viel aus seiner Arbeit herauszuschlagen gesucht. Und nur dasjenige, was auf diese Art aus dem Egoismus hervorgegangen ist, hat von jeher Not, Armut und Elend zur Folge gehabt. Das heißt aber doch nichts anderes, als daß immer derjenige Teil der menschlichen Einrichtungen sich als unpraktisch erweisen muß, der von den «Praktikern» auf die Art zustande gebracht wird, daß dabei entweder mit dem eigenen oder dem fremden Egoismus gerechnet wird.

Nun kann es sich aber natürlich nicht bloß darum handeln, daß man ein solches Gesetz einsieht, sondern die wirkliche Praxis beginnt mit der Frage: wie kann man es in die Wirklichkeit umsetzen? Es ist klar, daß dieses Gesetz nichts Geringeres besagt als dieses: Die Menschenwohlfahrt ist um so größer, je geringer der Egoismus ist. Man ist also bei der Umsetzung in die Wirklichkeit darauf angewiesen, daß man es mit Menschen zu tun habe, die den Weg aus dem Egoismus herausfinden. Das ist aber praktisch ganz unmöglich, wenn das Maß von Wohl und Wehe des einzelnen sich nach seiner Arbeit bestimmt. Wer *für sich* arbeitet, *muß* allmählich dem Egoismus verfallen. Nur wer ganz für die anderen arbeitet, kann nach und nach ein unegoistischer Arbeiter werden.

Dazu ist aber eine Voraussetzung notwendig. Wenn ein Mensch für einen anderen arbeitet, dann muß er in diesem anderen den Grund zu seiner Arbeit finden; und wenn jemand für die Gesamtheit arbeiten soll, dann muß er den Wert, die Wesenheit und Bedeutung dieser Gesamtheit empfinden und fühlen. Das kann er nur dann, wenn die Gesamtheit noch etwas ganz anderes ist als eine mehr oder weniger unbestimmte Summe von einzelnen Menschen. Sie muß von einem wirklichen Geiste erfüllt sein, an dem ein jeder Anteil nimmt. Sie muß so sein, daß ein jeder sich sagt: sie ist richtig, und ich *will*, daß sie so ist. Die Gesamtheit muß eine geistige Mission haben; und jeder einzelne muß beitragen wollen, daß diese Mission erfüllt werde. All die unbestimmten, abstrakten Fortschrittsideen, von denen man gewöhnlich redet, können eine solche Mission nicht darstellen. Wenn nur sie herrschen, so wird ein einzelner da, oder eine Gruppe dort arbeiten, ohne daß diese übersehen, wozu sonst ihre Arbeit etwas nütze ist, als daß sie und die Ihrigen, oder etwa noch die Interessen, an denen gerade sie hängen, dabei ihre Rechnung finden. – Bis in den einzelsten herunter muß dieser Geist der Gesamtheit lebendig sein.

Gutes ist von jeher nur dort gediehen, wo in irgendeiner Art ein solches Leben des Gesamtgeistes erfüllt war. Der einzelne Bürger einer griechischen Stadt des Altertums, ja auch derjenige einer freien Stadt im Mittelalter hatte so etwas wie wenigstens ein dunkles Gefühl von einem solchen Gesamtgeist. Es ist kein Einwand dagegen, daß zum Beispiel die entsprechenden Einrichtungen im alten Griechenland nur möglich waren, weil man ein Heer von Sklaven hatte, welche für die «freien Bürger» die Arbeit verrichteten und die dazu nicht von dem Gesamtgeist, sondern durch den Zwang ihrer Herren getrieben worden sind. – An diesem Beispiele kann man nur das eine lernen, daß das Menschenleben der Entwicklung unterliegt. Gegenwärtig ist die Menschheit eben auf einer Stufe angelangt, wo eine solche Lösung der Gesellschaftsfrage, wie sie im alten Griechenland herrschte, unmöglich ist. Selbst den edelsten Griechen galt die Sklaverei nicht als ein Unrecht, sondern als eine menschliche Notwendigkeit. Deshalb konnte zum Beispiel der große Plato ein Staatsideal aufstellen, in dem der Gesamtgeist dadurch in Erfüllung geht, daß die Mehrzahl der Arbeitsmenschen von den wenigen Einsichtsvollen zur Arbeit gezwungen werde. Die Aufgabe der Gegenwart aber ist, die Menschen in eine solche Lage zu bringen, daß ein jeder aus seinem innersten Antriebe heraus die Arbeit für die Gesamtheit leistet.

Deshalb soll niemand daran denken, eine für alle Zeiten gültige Lösung der sozialen Frage zu suchen, sondern lediglich daran, wie sich sein soziales Denken und Wirken mit Rücksicht auf die unmittelbaren Bedürfnisse der Gegenwart gestalten muß, in welcher er lebt. – Es kann überhaupt kein einzelner heute irgend etwas theoretisch ausdenken oder in die Wirklichkeit umsetzen, was als solches die soziale Frage lösen könnte. Dazu müßte er die Macht haben, eine Anzahl von Menschen in die von ihm geschaffenen Verhältnisse hineinzuzwingen. Es kann ja gar kein Zweifel darüber bestehen: hätte Owen die Macht oder den Willen gehabt, all die Menschen seiner Kolonie zu der ihnen zukommenden Arbeit zu zwingen, dann hätte die Sache gehen müssen. Aber um solchen Zwang kann es sich gerade in der Gegenwart nicht handeln. Es muß die Möglichkeit herbeigeführt werden, daß ein jeder freiwillig tut, wozu er berufen ist nach dem Maß seiner Fähigkeiten und Kräfte. Aber gerade deshalb kann es sich nie und nimmer darum handeln, daß im Sinne des oben angeführten Owenschen Bekenntnisses so auf die Menschen «im theoretischen Sinne» einzuwirken sei, daß ihnen eine bloße Ansicht darüber vermittelt werde, wie sich die ökonomischen Verhältnisse am besten einrichten lassen. Eine nüchterne ökonomische Theorie kann niemals ein Antrieb gegen die egoistischen Mächte sein. Eine Zeitlang vermag eine solche ökonomische Theorie den Massen einen gewissen Schwung zu verleihen, der *dem Scheine nach* einem Idealismus ähnlich ist. Auf die Dauer aber kann eine solche Theorie niemandem nützen. Wer einer Menschenmasse eine solche Theorie einimpft, ohne ihr etwas anderes wirklich Geistiges zu geben, der versündigt sich an dem wahren Sinn der menschlichen Entwickelung.

Das, was allein helfen kann, ist eine geistige Weltanschauung, welche durch sich selbst, durch das, was sie zu bieten vermag, sich in die Gedanken, in die Gefühle, in den Willen, kurz in die ganze Seele des Menschen einlebt. Der Glaube, den Owen gehabt hat an die Güte der Menchennatur, ist nur teilweise richtig, zum anderen Teile ist er aber eine der ärgsten Illusionen. Er ist insofern richtig, als in jedem Menschen ein «höheres Selbst» schlummert, das erweckt werden kann. Aber es kann aus seinem Schlummer nur erlöst werden durch eine Weltauffassung, welche die oben genannten Eigenschaften hat. Bringt man Menschen in Einrichtungen, wie sie von Owen erdacht waren, dann wird die Gemeinschaft im schönsten Sinne gedeihen. Führt man aber Menschen zusammen, die eine solche Weltauffassung nicht haben, dann wird das Gute der Einrichtungen sich ganz notwendig nach einer kürzeren oder längeren Zeit zum Schlechten verkehren müssen. Bei Menschen ohne eine auf den Geist sich richtende Weltauffassung müssen nämlich notwendig gerade diejenigen Einrichtungen, welche den materiellen Wohlstand befördern, auch eine Steigerung des Egoismus bewirken, und damit nach und nach Not, Elend und Armut erzeugen. – Es ist eben in des Wortes ureigenster Bedeutung richtig: nur dem einzelnen kann man helfen, wenn man ihm bloß Brot verschafft; einer Gesamtheit kann man nur dadurch Brot verschaffen, daß man ihr zu einer Weltauffassung verhilft. Es würde nämlich auch das gar nichts nützen, wenn man von einer Gesamtheit *jedem* einzelnen Brot verschaffen wollte. Nach einiger Zeit müßte sich dann doch die Sache so gestalten, daß viele wieder kein Brot haben.

Die Erkenntnis dieser Grundsätze nimmt allerdings gewissen Leuten, die sich zu Volksbeglückern aufwerfen möchten, manche Illusion. Denn sie macht das Arbeiten am sozialen Wohle zu einer recht schwierigen Sache. Und noch dazu zu einer solchen, in der sich die Erfolge unter gewissen Verhältnissen nur aus ganz kleinen Teilerfolgen zusammensetzen lassen. Das meiste von dem, was heute ganze Parteien als Heilmittel im sozialen Leben ausgeben, verliert seinen Wert, erweist sich als eitel Täuschung und Reden, ohne genügende Kenntnis des Menschenlebens. Kein Parlament, keine Demokratie, keine Massenagitation, nichts von alledem kann für den tiefer Blickenden eine Bedeutung haben, wenn es das oben ausgesprochene Gesetz verletzt. Und alles Derartige kann dann günstig wirken, wenn es sich im Sinne dieses Gesetzes verhält. Es ist eine schlimme Illusion, zu glauben, daß irgendwelche Abgeordnete eines Volkes in irgendeinem Parlamente etwas beitragen können zum Heile der Menschheit, wenn ihr Wirken nicht im Sinne des sozialen Hauptgesetzes eingerichtet ist.

Wo immer dieses Gesetz in die Erscheinung tritt, wo immer jemand in seinem Sinne wirkt, soweit es ihm möglich ist auf dem Platze, auf den er in der Menschengemeinschaft gestellt ist: da wird Gutes erzielt, und wenn es im einzelnen Falle auch in einem noch so geringen Maße der Fall ist. Und nur aus Einzelwirkungen, welche auf solche Art zustande kommen, setzt sich ein heilsamer sozialer Gesamtfortschritt zusammen. – Allerdings kommt es auch vor, daß in einzelnen Fällen größere Menschengemeinschaften eine besondere Anlage dazu besitzen, mit ihrer Hilfe in der angedeuteten Richtung einen größeren Erfolg auf einmal zu erzielen. Es gibt auch jetzt schon bestimmte Menschengemeinschaften, in deren Anlagen sich dergleichen vorbereitet. Sie werden es möglich machen, daß mit ihrer Hilfe die Menschheit gleichsam einen Ruck, einen Sprung in sozialer Entwickelung vollbringt. Dem Okkultismus sind solche Menschengemeinschaften bekannt; es kann aber nicht seine Aufgabe sein, über derlei Dinge öffentlich zu sprechen. – Und es gibt ja auch Mittel, größere Menschenmassen zu einem solchen Sprung, der wohl gar in absehbarer Zeit gemacht werden kann, vorzubereiten. Was aber jeder tun kann, das ist, im Sinne obigen Gesetzes in seinem Bereich zu wirken. Es gibt keine Stellung eines Menschen in der Welt, innerhalb welcher man das nicht kann: sie möge anscheinend noch so unbedeutend oder noch so einflußreich sein.

Das Wichtigste ist ja allerdings, daß ein jeglicher die Wege sucht zu einer Weltauffassung, die sich auf wahre Erkenntnis des Geistes richtet. Die anthroposophische Geistesrichtung kann sich zu einer solchen Auffassung für alle Menschen herausbilden, wenn sie sich immer mehr in der Art ausgestaltet, wie es ihrem Inhalte und den in ihr vorhandenen Anlagen entspricht. Durch sie kann der Mensch erfahren, daß er nicht zufällig an irgendeinem Orte und zu irgendeiner Zeit geboren ist, sondern daß er durch das geistige Ursachengesetz, das Karma, mit Notwendigkeit an den Ort hingestellt ist, an dem er sich befindet. Er kann einsehen, daß ihn sein wohlbegründetes Schicksal in die Menschengemeinschaft hineingestellt hat, innerhalb welcher er ist. Auch von seinen Fähigkeiten kann er gewahr werden, daß sie ihm nicht durch ein blindes Ohngefähr zugefallen sind, sondern daß sie einen Sinn haben innerhalb des Ursachengesetzes.

Und er kann das alles so einsehen, daß diese Einsicht nicht eine bloße nüchterne Vernunftsache bleibt, sondern daß sie allmählich seine ganze Seele mit innerem Leben erfüllt.

Es wird ihm das Gefühl davon aufgehen, daß er einen höheren Sinn erfüllt, wenn er im Sinne seines Platzes in der Welt und im Sinne seiner Fähigkeiten arbeitet. Kein schattenhafter Idealismus wird aus dieser Einsicht folgen, sondern ein mächtiger Impuls aller seiner Kräfte, und er wird dieses Handeln in solcher Richtung als etwas so Selbstverständliches ansehen, wie in einer anderen Beziehung Essen und Trinken. Und ferner wird er den Sinn erkennen, welcher mit der Menschengemeinschaft verbunden ist, welcher er angehört. Er wird die Verhältnisse begreifen, in denen seine Menschengemeinschaft sich zu anderen stellt; und so werden sich die Einzelgeister dieser Gemeinschaften zusammenfügen zu einem geistig-zielvollen Bilde von der einheitlichen Mission des ganzen

Menschengeschlechtes. Und von dem Menschengeschlecht wird seine Erkenntnis hinüberschweifen können zu dem Sinne des ganzen Erdendaseins. Nur wer sich nicht auf die in dieser Richtung angedeutete Weltauffassung einläßt, kann Zweifel daran hegen, daß sie so wirken muß, wie hier angegeben wird. In heutiger Zeit ist freilich bei den meisten Menschen wenig Neigung vorhanden, sich auf so etwas einzulassen. Aber es kann nicht ausbleiben, daß die richtige geisteswissenschaftliche Vorstellungsart immer weitere Kreise zieht. Und in dem Maße, als sie das tut, werden die Menschen das Richtige treffen, um den sozialen Fortschritt zu bewirken. Man kann nicht aus dem Grunde daran Zweifel hegen, weil angeblich bis jetzt keine Weltanschauung das Glück der Menschheit herbeigeführt hat. Nach den Gesetzen der Menschheitsentwickelung konnte in keinem früheren Zeitpunkte das eintreten, was von jetzt an allmählich möglich wird: eine Weltauffassung mit der Aussicht auf den angedeuteten praktischen Erfolg allen Menschen zu übermitteln.

Die bisherigen Weltauffassungen waren nur einzelne Gruppen von Menschen zugänglich. Aber was bisher im Menschengeschlecht an Gutem geschehen ist, rührt doch von den Weltauffassungen her. Zu einem allgemeinen Heil kann nur eine solche Weltauffassung führen, die alle Seelen ergreifen und das innere Leben in ihnen entzünden kann. Das aber wird die geisteswissenschaftliche Vorstellungsart überall imstande sein, wo sie ihren Anlagen wirklich entspricht. – Natürlich darf nicht einfach der Blick auf die Gestalt gerichtet werden, welche diese Vorstellungsart bereits angenommen hat; um das Gesagte als richtig anzuerkennen, ist notwendig, einzusehen, daß sich die Geisteswissenschaft zu ihrer hohen Kulturmission erst hinaufentwickeln muß.

Bis heute kann sie das Antlitz, das sie einstmals zeigen wird, aus mehreren Gründen noch nicht aufweisen. Einer dieser Gründe ist der, daß sie erst irgendwo Fuß fassen muß. Sie muß sich deshalb an eine bestimmte Menschengruppe wenden. Das kann naturgemäß keine andere sein, als diejenige, welche durch die Eigenart ihrer Entwickelung nach einer neuen Lösung der Welträtsel Sehnsucht hat und welche durch die Vorbildung der in ihr vereinigten Personen einer solchen Lösung Verständnis und Anteil entgegenbringen kann. Selbstverständlich muß die Geisteswissenschaft ihre Verkündigungen vorläufig in eine solche Sprache kleiden, daß diese der gekennzeichneten Menschengruppe angepaßt ist. In dem Maße, als sich weiterhin die Bedingungen ergeben, wird die Geisteswissenschaft auch die Ausdrucksformen finden, um noch zu anderen Kreisen zu sprechen. Nur jemand, der durchaus fertige starre Dogmen haben will, kann glauben, daß die gegenwärtige Form der geisteswissenschaftlichen Verkündigung eine bleibende, oder etwa gar die einzig mögliche sei. – Gerade weil es sich bei der Geisteswissenschaft nicht darum handeln kann, bloß Theorie zu bleiben, oder bloß die Wißbegierde zu befriedigen, muß sie in dieser Art langsam arbeiten. Zu ihren Zielen gehört eben das charakterisierte Praktische des Menschheitsfortschrittes. Sie kann aber diesen Menschheitsfortschritt nur bewirken, wenn sie die wirklichen Bedingungen dazu schafft. Und diese Bedingungen können nicht anders herbeigeführt werden, als wenn Mensch nach Mensch erobert wird. Nur wenn die Menschen *wollen*, schreitet die Welt vorwärts. Daß sie aber wollen, dazu ist bei jedem die innere Seelenarbeit notwendig. Und diese kann nur Schritt für Schritt geleistet werden. Wäre das nicht der Fall, so würde auch die Theosophie auf sozialem Gebiete Hirngespinste aufführen und keine praktische Arbeit tun. Auf noch weiteres einzelne soll demnächst eingegangen werden.

NACHWORT DES HERAUSGEBERS

Die gegen Ende des 19. Jahrhunderts von seiten der Arbeiterbewegung erhobenen Forderungen galten vor allem einem Ziel: der Überwindung des Klassengegensatzes. Die einmal eingeschlagene Richtung, nämlich die Beseitigung jeglicher Form von Ausbeutung, mit welchen Mitteln auch immer, wurde konsequent weiter verfolgt, und es schien nur noch eine Frage der Zeit, bis das Ideal einer klassenlosen Gesellschaft Wirklichkeit geworden ist. Vorschläge aus den Reihen derer, die sich nicht dem sozialistischen Ideengut verpflichtet fühlten, fanden entweder keine Beachtung oder wurden als reaktionär verworfen.

Mit seinem 1905/06 erschienenen Aufsatz «Geisteswissenschaft und soziale Frage» nahm Rudolf Steiner keineswegs zum ersten Male Stellung zu den drängenden sozialen Problemen seiner Zeit, sondern hier kamen all jene Erfahrungen nun publizistisch zum Zuge, die er u. a. während seiner sechsjährigen Lehrtätigkeit an der von Wilhelm Liebknecht begründeten Arbeiterbildungsschule in Berlin sammeln konnte. In welcher Weise er diese Erfahrungen auch umfassend zu reflektieren und in eine neue, sachgemäße Begrifflichkeit umzusetzen vermochte, wird in diesem Aufsatz z. B. anhand seiner Ausführungen über das Wesen der Ausbeutung sichtbar. Ausgangspunkt seiner Überlegungen ist, daß man zunächst die Tatsache, ob jemand arm oder reich ist, von den Begriffen Ausgebeutete bzw. Ausbeuter trennen muß. Denn letztlich, so Steiner, erweist sich jeder als ein potentieller Ausbeuter, der unter dem Gesichtspunkt des Eigennutzes oder Vorteiles das Produkt, das ein anderer erzeugt hat, erwirbt. Wörtlich heißt es: «Ob ich viel oder wenig habe: bediene ich mich dessen, was ich habe, zur Befriedigung meines Eigennutzes, so *muß* dadurch der andere ausgebeutet werden.» Nicht moralisch belehrende Gesichtspunkte sind es, die Rudolf Steiner dann veranlassen, das Prinzip der Selbstlosigkeit zur Grundmaxime des wirtschaftenden Menschen zu erklären, sondern die Tatsachen, die in die wirtschaftliche und soziale Not hineingeführt haben, sind es selbst, die den Ausgangspunkt hierfür bilden. Und so münden Steiners Gedanken konsequent in die Formulierung des *Sozialen Hauptgesetzes* (S. 33/34) ein, an das sich die Schlußfolgerung anschließt, daß «für Mitmenschen arbeiten und ein gewisses Einkommen erzielen zwei voneinander ganz getrennte Dinge seien».

In jüngster Zeit ist wiederholt von verschiedenen Wirtschafts- und Sozialwissenschaftlern die Idee einer Entkoppelung von Arbeit und Einkommen, insbesondere im Zusammenhang mit der Forderung nach einem garantierten Mindesteinkommen für alle, aufgegriffen worden, was u. a. auch darauf zurückzuführen ist, daß, so Ralf Dahrendorf, «die Methoden des Sozialstaates heute nicht mehr ausreichen, um den Sozialstaat zu erhalten».

Wenn auch Rudolf Steiners Ausführungen über soziale Fragen erst allmählich innerhalb sozialwissenschaftlicher Kreise Beachtung finden, so bedeutet dies nicht, daß sie nicht auch schon in den zurückliegenden Jahrzehnten wirksam geworden sind. So waren sie – und dies gilt insbesondere für das Soziale Hauptgesetz – innerhalb vieler anthroposophisch orientierter Institutionen (Schulen, Krankenhäuser, heilpädagogische Heime) und wirtschaftlicher Betriebe im Zusammenhang mit der Erarbeitung einer zukunftsorientierten, menschengemäßen Sozialgestalt der jeweiligen Einrichtung richtungweisend.

Der vorliegende dreiteilige Aufsatz erschien zuerst 1905/06 unter dem Titel «Theosophie und soziale Frage» in der von Rudolf Steiner herausgegebenen Zeitschrift «Lucifer – Gnosis», deren Leserkreis sich vornehmlich aus Mitgliedern der damaligen Theosophischen Gesellschaft zusammensetzte. Für die erste selbständige Ausgabe (Dornach 1941) wurden gemäß einer generellen Angabe Rudolf Steiners die Wörter «Theosophie» und «theosophisch» durch die Ausdrücke «Geisteswissenschaft» und «geisteswissenschaftlich» ersetzt.

Der Untertitel wurde nach einer Formulierung Rudolf Steiners der Ausgabe von 1989 hinzugefügt.

Zur Ergänzung bzw. Vertiefung des in dem vorliegenden Aufsatz Dargestellten sei abschließend noch auf die beiden Vorträge hingewiesen, die er unter der gleichen Themenstellung einmal in Hamburg, ein anderes Mal in Berlin gehalten hat. Der Hamburger Vortrag, gehalten am 2. März 1908, ist enthalten in dem Band «Die Welträtsel und die Anthroposophie» (Gesamtausgabe Nr. 54), in dem sich auch der zu ähnlichen Fragen Stellung nehmende Vortrag «Bruderschaft und Daseinskampf» befindet. Der in Berlin am 26. Oktober 1905 gehaltene Vortrag «Die soziale Frage und die Theosophie» ist erschienen in der Schriftenreihe «Beiträge zur Rudolf Steiner Gesamtausgabe» Nr. 88, Dornach 1985. Zum gleichen Themenkreis gehört ferner der Vortrag «Beruf und Erwerb», gehalten in Berlin am 12. März 1908, erschienen in dem Band «Die Erkenntnis der Seele und des Geistes» (GA 56).

W. Kugler

Zu Seite

10 *Ein ungemein interessantes Buch... Regierungsrat Kolb:* Siehe Alfred Kolb, «Als Arbeiter in Amerika», vierte, durchgesehene Auflage, Berlin 1905, S. 31 ff.

12 *wie Lessing in einem bestimmten Falle:* Siehe «Lessings Werke» in sechs Bänden, Leipzig o. J. (Reclam), 5. Bd., VII, Den 16. Februar 1759. Siebzehnter Brief, S. 232. Wörtlich: «Ich bin dieser Niemand; ich läugne es geradezu.»

Schmoller, Gustav, 1838–1917; Volkswirtschafter u. Historiker.

Wagner, Adolf, 1835–1917; Volkswirtschafter, Vertreter des sog. Kathedersozialismus.

Brentano, Lujo, 1844–1931; Volkswirtschafter.

«Geheimlehre» der Blavatsky: Siehe Helena Petrowna Blavatsky, «The Secret Doctrine. The Synthesis of Science, Religion and Philosophy», 3 Bde., London 1888. Aus dem Englischen der dritten Auflage übersetzt von Robert Froebe: «Die Geheimlehre. Die Vereinigung von Wissenschaft, Religion und Philosophie, 3 Bde., Leipzig o. J. (1899).

19/20 *«Der waschechte Theosoph...» ... «Steige die Theosophie...»*: Siehe G. L. Dankmar: «Die kulturelle Lage Europas beim Wiedererwachen des modernen Okkultismus», Leipzig 1905, S. 596 und 603.

21 *Owen... hat immer wieder und wieder betont:* Siehe Robert Owen, «An New View of Society, or Essay on the Principle of the Formation of the Human Character and the Application of the Principle to Practice», 1812/13.

24 *im Sinne des Satzes vom großen Buddha:* Siehe «Der Wahrheitspfad. Dhammapadam», Ein buddhistisches Denkmal, aus dem Pali übersetzt von Karl Eugen Neumann, 2. Auflage, München 1921, XVII. Das Zorn-Kapitel, S. 55–57.

30 *Owen mußte nach langen edlen Bemühungen zu dem Bekenntnis kommen:* Siehe «Report to the country of Lanark, of a plan

for Relieving Public Distress...», London 1832. Denkschrift. Anhang, S. 71–75. Das Zitat ist von Rudolf Steiner frei wiedergegeben.

37 *konnte... Plato ein Staatsideal aufstellen:* Gemeint ist vermutlich die Beibehaltung der Sklaverei in Platons Beschreibung des Idealstaates in seinem Werk «Politeia» («Der Staat»).

44 *Auf noch weiteres einzelne soll demnächst eingegangen werden:* Der Aufsatz trug nach diesem letzten Satz den Vermerk «Wird fortgesetzt», es erschien jedoch keine Fortsetzung.

WEITERFÜHRENDE LITERATUR

(Rudolf Steiner Gesamtausgabe (GA) und Taschenbücher (TB), Rudolf Steiner Verlag Dornach / Schweiz)

Die Kernpunkte der sozialen Frage in den Lebensnotwendigkeiten der Gegenwart und Zukunft. GA 23 (TB 606).

Aufsätze über die Dreigliederung des sozialen Organismus und zur Zeitlage 1915–1921. GA 24. (Teilausgabe unter dem Titel *Staatspolitik und Menschheitspolitik. Aufsätze über die Dreigliederung des sozialen Organismus 1919–1921*, TB 667).

Neugestaltung des sozialen Organismus. Vierzehn öffentliche Vorträge, gehalten in Stuttgart 1919. GA 330.

Soziale Zukunft. Sechs öffentliche Vorträge mit Fragenbeantwortungen, gehalten in Zürich 1919. GA 332 a (TB 631).

Gedankenfreiheit und soziale Kräfte. Die sozialen Forderungen der Gegenwart und ihre praktische Verwirklichung. Sechs öffentliche Vorträge, gehalten in verschiedenen Städten 1919. GA 333 (TB 656).

Wie wirkt man für den Impuls der Dreigliederung des sozialen Organismus? Ein Kursus für Redner, Stuttgart 1921. GA 338.

Nationalökonomischer Kurs. Vierzehn Vorträge, gehalten für Studenten der Nationalökonomie, Dornach 1922. GA 340.

Nationalökonomisches Seminar. Sechs Besprechungen mit Teilnehmern am Nationalökonomischen Kurs. GA 341.